# CONSIDÉRATIONS

SUR

# L'ÉDUCATION POPULAIRE

## DE L'INSTRUCTION PRIMAIRE

### OBLIGATOIRE

**Par M. P. St-PAU**

Instituteur libre à Meilhan, près Marmande
( Lot-et-Garonne )

Mai 1861. — Prix : 1 fr.

BORDEAUX

IMPRIMERIE GÉNÉRALE DE Mᵐᵉ CRUGY,
rue et hôtel Saint-Siméon, 16.

1861

*A Monsieur* A. SAHLER, *président de la Société d'émulation*
*de Montbéliard.*

MONSIEUR,

Permettez-moi de vous dédier ces *Considérations sur l'éducation populaire*, fruit de mon expérience de vingt-cinq ans dans une pénible et trop ingrate carrière.

Le désir de la célébrité, l'amour d'une vaine gloire, n'ont pas été le mobile de cette publication; car je sais trop bien qu'il y aurait folie, à un homme obscur et ignoré comme moi, d'aspirer à la renommée.

Je n'ai eu d'autre but que d'associer mes faibles efforts à ceux que tentent aujourd'hui les hautes intelligences de mon pays et les vrais amis du progrès, pour le triomphe d'une idée régénératrice et féconde en magnifiques résultats.

Comme vous êtes, Monsieur, un des champions distingués d'une noble cause, j'ai voulu m'inspirer de votre dévouement, et porter aussi mon faible contingent de réflexions et d'idées à la propagation de l'instruction populaire.

Veuillez agréer, Monsieur le Président, les profonds sentiments de respect et de considération avec lesquels j'ai l'honneur de me dire

Votre très-dévoué serviteur.

P. SAINT-PAU,
instituteur libre.

# L'INSTRUCTION PRIMAIRE

## OBLIGATOIRE

—————~wwww~—————

> Mecum erit iste labor.
> VIRG. *Én.*, liv. III.

## I

De toutes les questions que les besoins des temps actuels ont mises à l'ordre du jour, et qui touchent de très-près aux graves intérêts publics, il n'en est pas de plus importante, de plus capitale que celle de l'éducation populaire : car notre époque tourmentée porte dans ses larges flancs une exubérance de vie, un flot d'aspirations, un courant d'idées que l'instruction seule, assise sur de larges bases, peut féconder et régulariser pour le bien du plus grand nombre, ou, pour mieux parler, pour le bien de tous.

Il n'est donc pas étonnant de voir aujourd'hui et gouvernement, et ministres, et sociétés savantes, et intelligences d'élite, rechercher à l'envi les moyens les plus propres à propager l'action bienfaisante de l'instruction parmi les masses, étudier avec soin les meilleures solutions du problème scabreux de l'abolition de l'ignorance et partant de la misère, qui est, à beaucoup d'égards, le triste fruit de l'ignorance.

On a compris que l'abrutissement et la misère ne sont plus la loi immuable, fatale des sociétés modernes, qui gravitent toutes, plus ou moins péniblement, vers le bien-être moral et physique, comme vers leur centre naturel; on a compris qu'il devait enfin y avoir place au soleil de ce monde pour toutes les créatures de Dieu ; on sait surtout en haut lieu que toute initiative pour le bien, que toute aspiration vers l'utile et le beau sont complètement éteintes chez un peuple rongé par la lèpre hideuse de l'ignorance et de la misère.

## II

De grandes œuvres ont été déjà accomplies, d'immenses efforts ont été déjà faits par le gouvernement de l'Empereur, qui possède à un si haut degré la volonté qui crée et la puissance qui fonde, en faveur de la classe la plus nombreuse et la plus pauvre, qui n'a eu pour ainsi dire, jusqu'ici, pour perspective et pour partage que la dégradation morale et physique. Oui, le problème de l'abolition absolue de l'ignorance est aujourd'hui attaqué de cent façons. Une sainte croisade, prêchée par tous les grands écrivains et les profonds penseurs de notre époque, s'organise de toutes parts contre ce redoutable ennemi de la félicité publique.

C'est donc à nous, modestes ouvriers de l'intelligence et de la pensée; c'est à nous, sentinelles avancées du progrès social ; c'est à nous, instituteurs de la jeunesse, qui portons dans nos mains les germes précieux de l'avenir, qu'incombe spécialement la noble tâche de seconder, de faire progresser et la généreuse sollicitude du chef de l'État pour les intérêts populaires, et les louables tentatives de tant d'esprits éminents, qui consacrent leurs talents et leurs veilles à la propagation des lumières parmi ceux qui sont encore assis dans les ténèbres.

Que chacun de nous porte donc son petit grain de sable, son humble pierre de construction, au grand édifice que des mains habiles et courageuses ont entrepris de construire ! Que chacun de nous travaille, dans la limite de ses forces et de son action personnelle, à l'abolition totale de l'ignorance; c'est pour nous, instituteurs de la jeunesse, un devoir de conscience et d'honneur, et, ici, l'indifférence serait une honte et l'inertie un crime !

A l'œuvre donc, vaillants ouvriers de l'intelligence, mes frères en labeurs ! Unissons tous ensemble nos cœurs, nos esprits et nos efforts pour faire disparaître du sol bien-aimé de la patrie cette ignoble tache de l'ignorance qui fait une ombre si fâcheuse à sa grandeur actuelle ! L'importance du but à atteindre est d'ailleurs, pour nous, un puissant motif de stimulation.

## III

Rien n'est grand, en effet, comme l'éducation populaire : car la force, la grandeur, le génie, résident dans cet être collectif et multiple qui s'appelle *le peuple*. Tout ce qu'il y a eu d'illustre dans les arts, dans les sciences, dans l'industrie, dans la guerre, n'est-il pas issu du peuple?... Aussi, quand, l'histoire à la main, on considère cette pléïade de grands hommes qui, dans notre pays, sont sortis des derniers rangs de la nation, on ne peut s'empêcher de faire en même temps un triste retour sur tous les germes précieux perdus faute d'un commencement d'éducation !

Depuis Jeanne d'Arc, l'humble bergère de Domremy, jusqu'aux héros de l'Empire, combien de fois la France n'a-t-elle pas dû son salut aux enfants du peuple ! Depuis Jean Cousin, ce Michel-Ange français, jusqu'à David d'Angers, le grand peintre d'une grande époque, combien de génies pauvres et obscurs comme eux, dès le berceau, n'ont-ils pas enrichi de leurs chefs-d'œuvre immortels le domaine des arts et des sciences !... C'est pour cela qu'en France, plus qu'en aucun autre pays, l'instruction populaire doit féconder ces précieuses semences du beau et du vrai déposées par la nature au fond des âmes privilégiées.

Je sais bien qu'on a prétendu que les splendeurs du climat, les tièdes rayons du soleil, la sérénité d'un ciel toujours pur, initient aux grands secrets de l'art ceux qui les admirent, et donnent à leurs productions ce cachet particulier de beauté, de grandeur, qui ravit et transporte. Voilà pourquoi la Grèce et l'Italie ont été considérées de tout temps comme la terre classique du beau idéal, comme le berceau du génie. Selon moi, c'est une autre lumière qui éclaire les amants passionnés de l'art, les sublimes agents des grandes entreprises ; cette lumière, c'est l'idée ! Or, l'idée ne peut se développer, s'épurer, jeter enfin ses splendides lueurs, que par l'instruction : l'instruction est donc le creuset de l'idée; elle seule peut mener infailliblement aux hautes destinées. Et combien d'intrépides soldats de l'épopée impériale, signalés d'ailleurs par leurs services et leur valeur, mais privés d'un commencement d'instruction, durent se dire dans l'amertume de leurs regrets : « Ah ! si j'avais su lire et écrire ! »

## IV

De puissants motifs d'intérêt propre, joints à de hautes considérations de dignité humaine, paraissent imposer à l'État le devoir de donner la première instruction à ceux qui ne peuvent la payer. C'est ce qu'avait admirablement compris un de nos précédents gouvernements, éclos d'une tourmente, lequel popularisa en France l'instruction primaire, et la fit pénétrer jusqu'aux plus humbles hameaux.

La propagation de l'instruction et le succès de ses immenses bienfaits sont encore une des préoccupations constantes du Souverain actuel, qui a écrit en tête de son programme gouvernemental : *Amélioration du sort du plus grand nombre!* Et il est très-vrai de dire que tous les actes, toutes les aspirations de l'Empereur, tendent à ce noble but.

Mais, pour assurer l'action bienfaisante de l'instruction sur les masses, pour lui faire produire des résultats positifs, ce n'est pas tout, il me semble, de construire des maisons d'école, de les doter du matériel nécessaire à leur plein exercice, de payer plus ou moins généreusement des instituteurs; ce ne sont là, d'après moi, que des demi-remèdes à cette grande maladie morale qui s'appelle l'ignorance.

Il faudrait encore faire en sorte que l'instruction offerte fût généralement reçue, que les classes fussent assidûment suivies; sans quoi, les libéralités de l'État risquent d'être faites en pure perte; sans quoi, les efforts constants des maîtres habiles et consciencieux sont la plupart du temps frappés d'impuissance.

Toute idée de devoir implique une idée de réciprocité, soit volontaire, soit forcée : car, sans cette idée de réciprocité qui cons-

titue l'essence même du devoir, le devoir ne serait qu'une ano-
malie, un mot vide de sens. Si, par exemple, les pères de famille
ont pour principal devoir de veiller à la conservation et au bien-
être de leurs enfants, les enfants, à leur tour, ont pour devoir de
respecter l'autorité paternelle, et d'obéir à ses justes prescrip-
tions. Or, partant du principe de la mutualité des devoirs, je dis
que si l'État doit, dans ses intérêts propres et par des motifs de
dignité humaine, favoriser de tout son pouvoir et de sa légitime
influence la propagation de l'instruction et des lumières parmi les
classes qui en sont le plus déshéritées, celles-ci devraient, à leur
tour, correspondre d'une manière convenable aux vues bienfai-
santes et humanitaires de l'État, à sa généreuse tutelle, et, au
besoin, y être forcées par des voies coërcitives : car, qui veut la
fin doit nécessairement vouloir les moyens.


<h2 style="text-align:center">V</h2>


Cependant la France, ce foyer de lumières, ce centre si émi-
nemment civilisateur, cette tête vibrante des nations européennes,
la France est encore loin des progrès accomplis, en fait d'instruction populaire, dans d'autres pays. Ainsi, dans presque tous les
États allemands, en Prusse, par exemple, l'instruction primaire
est tellement répandue, que le nombre des personnes illettrées y
passe presque inaperçu. C'est qu'en Prusse l'instruction primaire
est obligatoire. Les parents sont obligés, dans ce pays, d'envoyer
leurs enfants à l'école depuis l'âge de cinq ans, et de les y laisser
jusqu'à ce qu'un examen ait constaté qu'ils ont acquis une instruction relative à la carrière qu'ils doivent embrasser. Là encore
le certificat d'études est indispensable pour entrer en apprentis-
sage, et même pour se marier.

Dans la Saxe, le Hanovre, la Bavière, le grand-duché de Bade,
en Autriche même, l'instruction primaire est obligatoire, et cette
obligation porte une sanction pénale : car l'autorité, dans ces
États, ne se borne pas à exiger l'envoi à l'école ; elle surveille
encore l'assiduité, et met à l'amende les parents ou tuteurs,
quand l'enfant manque la classe sans raison valable.

En Portugal encore, l'assistance aux classes des écoles primaires est obligatoire pour tous les enfants de sept à quinze ans, et les parents ou autres qui négligent d'envoyer leurs enfants aux écoles sont soumis à une amende de 500 à 1,000 reis (1), et privés de leurs droits politiques pour cinq ans.

C'est ainsi que la plupart des pays civilisés d'Europe savent suppléer à la négligence, au mauvais vouloir des parents, et réussissent à atteindre sûrement l'ignorance, ce premier de tous les maux. C'est de la sorte qu'une nation parvient à rendre efficaces les sacrifices qu'elle fait pour l'instruction du peuple.

Oui, disons-le avec regret, la France, qui fait moralement tout ce qu'elle peut pour propager l'instruction, pour la rendre populaire; la France, qui porte annuellement au budget de l'instruction publique des sommes considérables pour subventionner tant d'établissements, pour fonder tant de cours publics, pour payer tant de professeurs, la France compte pourtant encore dans son sein, par centaines de mille, les individus de tout âge, de tout sexe, privés de l'instruction la plus élémentaire, c'est-à-dire ne sachant ni lire, ni écrire. Cette affligeante vérité ressort clairement et des travaux de recensement pour le tirage au sort, et des statistiques dressées par les soins de MM. les Inspecteurs des écoles, et des relevés des causes judiciaires.


## VI


On a fait un tableau comparatif du nombre proportionnel des jeunes gens ne sachant ni lire ni écrire à vingt ans, sur le chiffre total des inscriptions aux tableaux de recensement pour le tirage au sort. Ce tableau comprend vingt-deux années, de 1833 à 1855. En 1833, la proportion des ignorants était de 46,84 sur 100 jeunes gens inscrits. Pour la classe de 1855, ce chiffre se trouvait réduit à 32,24 pour 100. C'est donc, pour une période de vingt-deux ans, un progrès moyen de 0,59 pour 100 par an. De sorte qu'il faudrait encore, en suivant le même mouvement, attendre jusqu'en 1909 pour voir l'ignorance disparaître. Exiger un résultat plus prompt et plus décisif serait-il donc se montrer trop impatient ?.....

(1) Un franc vaut 180 reis.

M. E. Rendu, dont l'autorité doit faire foi en cette circons-
tance, écrivait en juin 1857, au *Journal des Débats*, les lignes
suivantes : « Aujourd'hui, en France, plus de 400,000 jeunes
» garçons et de 450,000 jeunes filles, en tout 850,000 enfants de
» sept à treize ans, ne reçoivent aucune espèce d'instruction. Que
» nous sommes loin encore du programme tracé, il y a quarante
» ans, par le ministre, interprète fidèle de la pensée de Napoléon Ier !
» Il faut, disait ce ministre, par l'instruction primaire, élever à
» la dignité d'homme tous les individus de l'espèce humaine ! »
( Rapport présenté à l'Empereur par M. Carnot en 1815.) (1)

Enfin, une autre preuve irrécusable de l'absence d'instruction
parmi les individus des classes travailleuses, nous la trouvons
dans le relevé des annales judiciaires. Car la dernière statistique
des causes jugées en France fait voir que, sur le nombre des mal-
heureux que la justice a frappés de peines afflictives ou infa-
mantes, plus des deux tiers appartiennent à la classe des gens
illettrés. C'est que le mal et l'ignorance sont habituellement insé-
parables, et l'un n'est ordinairement que la triste conséquence de
l'autre. Et, certes, si, par exemple, les sommes dépensées à
construire des cellules eussent été employées à l'établissement de
bibliothèques publiques dans les villes et les campagnes, les mal-
heureux hôtes des prisons et des bagnes ne seraient pas probable-
ment aussi nombreux !

Cependant, sous le régime du suffrage universel, qui, aux
grandes circonstances, convoque le peuple tout entier à la règle-
mentation de ses propres destinées, l'instruction, ce me semble,
devrait être aux avant-postes pour le guider convenablement dans
le grave exercice de ses droits et de ses devoirs. Car quelle garan-
tie de sûreté, quel espoir futur de bien-être la société, être collectif, peut-elle avoir, peut-elle espérer d'individus dénués de
toute lumière, de toute connaissance, qui ne savent pas même
lire et écrire, ou qui ne le savent que très-imparfaitement?... Et,
s'il eût été possible d'apporter quelque restriction au vote universel, l'élimination de tous les ignorants en aurait certainement assuré et la complète indépendance, et la parfaite honnêteté. Parce

---

(1) Tous les documents qui précèdent, et que je cite à l'appui de ma thèse,
ont été extraits des *Ouvriers des Deux Mondes*, études publiées par la Société
internationale des études pratiques d'économie sociale, t. II, pag. 337; Guil-
laumin.

que ces pauvres gens illettrés seront toujours la proie facile, la dupe fatale du premier intrigant venu, le droit de suffrage sera souvent ainsi, entre leurs mains inhabiles, une arme dangereuse et nuisible. L'instruction populaire, l'instruction rendue obligatoire, doit donc être la conséquence logique, le couronnement nécessaire du suffrage universel; sans cela, il y aura presque toujours surprise, danger public bien souvent.

Serons-nous donc longtemps encore à attendre l'instruction obligatoire?... Je ne puis le penser, et j'en ai pour garant la profonde sollicitude de l'Empereur pour tous les intérêts publics; et je suis convaincu que sa haute perspicacité en matière administrative et politique lui fera combler, dans des temps calmes et réguliers, cette lacune regrettable qui existe en France dans la branche de l'instruction populaire.

VII

Les adversaires de l'instruction obligatoire, et certes ils sont puissants par leur crédit et par leurs influences, et ils sont encore très-nombreux, qui plus est, ces adversaires ne vont pas manquer de nous faire une objection qu'ils ont d'ailleurs toujours mise en avant, lorsque cette importante question s'est agitée dans les sphères du pouvoir ou qu'elle est descendue dans le domaine de la discussion publique. Eux, les ennemis-nés de toute liberté, ces hommes d'arbitraire et de despotisme par excellence, s'appuient précisément, pour étayer leurs raisonnements spécieux, sur la liberté, qu'ils n'ont jamais aimée que pour eux, qu'ils ont toujours reniée lorsqu'elle pouvait être utile et salutaire aux pauvres déshérités d'ici-bas!

— Cette mesure de l'instruction primaire obligatoire, disent-ils, est arbitraire et despotique, puisqu'elle tend à détruire la liberté du père de famille, en lui substituant l'action immédiate et exclusive de l'État. C'est un monopole intolérable qui brise, qui anéantit les droits sacrés de la famille, de la paternité. Liberté, liberté d'enseignement, plutôt!!! Et Dieu sait les beaux résultats que cette liberté d'enseignement a produits en France depuis onze ans! La religion de M. le Ministre de l'instruction publique doit être quelque peu éclairée maintenant à ce sujet.

L'objection de nos adversaires n'est pas sérieuse; car il s'agit moins ici du père que de l'enfant, et la puissance paternelle n'est nullement mise en question par le principe de l'instruction obligatoire, puisque les parents demeurent parfaitement libres de donner eux-mêmes ou de faire donner, à leur guise, à leurs enfants, le degré d'instruction voulu par la loi. L'État, en effet, par l'obligation de l'instruction, n'impose nullement aux pères de famille des maîtres de son choix; il les laisse complètement libres à ce sujet, pourvu que leurs enfants acquièrent l'instruction voulue. La liberté n'est donc point sacrifiée par l'instruction obligatoire; la seule liberté en péril serait, dans ce cas, la liberté de l'ignorance. Or, qui voudra la défendre, cette dégradante liberté-là?... Les intéressés seuls !...

Cette idée de l'instruction primaire obligatoire n'est pas nouvelle en France : elle n'est pas, comme plusieurs pourraient le croire, issue des commotions qui ont naguère agité notre pays; non, mais malheureusement elle a toujours échoué devant la résistance opiniâtre d'une foule d'esprits naïfs et timorés, excités par les déclamations furibondes des ennemis des lumières, de ces hommes à vues intéressées et égoïstes, qui font toujours de leur étroite et despotique personnalité le centre exclusif de tout ce qui les entoure.

En 1833, à l'époque de la discussion de la loi sur l'instruction primaire, M. Cousin s'exprimait ainsi, à la Chambre des pairs, sur le principe de l'obligation : « Votre commission n'aurait pas » reculé devant des mesures sagement combinées que le gouver- » nement aurait pu proposer à cet égard, et elle en aurait même » pris l'initiative, sans la crainte de provoquer des difficultés qui » eussent pu faire ajourner une loi si impatiemment attendue. » Et c'est ainsi que cette loi de 1833 sur l'instruction primaire, loi qui marqua néanmoins une phase glorieuse dans l'ère du progrès moderne, et dont on regrette vivement aujourd'hui les sages et prévoyantes dispositions, ne put recevoir son complément définitif, sa véritable sanction, grâce à l'opposition systématique des ennemis des lumières.

Enfin, pour dernière preuve de l'opposition persistante qu'on a toujours faite en France au projet de l'instruction obligatoire, je citerai les paroles du journal *l'Assemblée nationale* en 1857, dans une discussion avec M. Rendu sur le principe de l'obligation : « Nous nous sommes bien mal expliqué, disait l'un des écrivains

» de cette feuille, puisque M. E. Rendu a pu nous croire impartial
» dans cette question : nous avons un parti pris.... » Oui, vous
avez un parti pris, adversaires implacables de toute idée régénératrice, ennemis jurés de toute innovation destructive des abus
séculaires ! Vous avez le parti pris de vous tenir claquemurés dans
ce vieil édifice du passé, lézardé pourtant aujourd'hui de toutes
parts, et d'y tenir renfermées, si vous le pouviez, les générations
présentes et futures !

## VIII

Avant d'indiquer le remède efficace à cette maladie morale de
l'ignorance, il est opportun de préciser, de bien faire connaître
les causes qui la produisent et la perpétuent, surtout dans nos
communes rurales, d'une manière plus déplorale encore que dans
les villes.

Vétéran de l'enseignement primaire libre, j'ai déjà usé dix-huit
ans de ma vie dans l'exercice de mes pénibles fonctions dans une
grande cité, et six ans dans une campagne où j'exerce encore.
J'ai donc eu le loisir d'étudier longuement les besoins réels de
l'instruction primaire. J'ai pu, par conséquent, rechercher les
causes d'ignorance, les préjugés grossiers, les erreurs fatales, les
influences funestes qui paralysent en général dans les campagnes
les progrès de l'instruction, et partant retardent indéfiniment le
bien-être intellectuel, moral et matériel des masses laborieuses.
Et ce que je vais dire peut hardiment s'appliquer à la grande
majorité des communes rurales de la France, car les mêmes
habitudes, le même esprit leur sont communs à toutes : *ab uno
disce omnes.*

Or, parmi les causes qui empêchent le développement progressif
de l'instruction primaire dans les campagnes, j'en remarque trois
principales : la négligence coupable de beaucoup de parents, leur
sotte cupidité, et les pernicieuses influences locales.

Je signale, comme une première cause d'ignorance, la négligence d'un très-grand nombre de pères de famille.

Exclusivement préoccupés, en effet, du soin de leurs intérêts
matériels, de la gestion de leurs affaires domestiques, de l'exploi-

tation de leurs champs, ils se soucient fort peu de faire donner la culture convenable à l'esprit de leurs enfants, souvent doués d'heureuses aptitudes pour le travail intellectuel et d'excellentes dispositions pour l'étude. Ils les envoient tard aux écoles, sous prétexte qu'ils sont encore trop jeunes pour pouvoir apprendre quelque chose, et les retirent de très-bonne heure, alléguant qu'ils ont besoin d'eux pour les travaux de leurs terres. Mais, si l'instruction était rendue obligatoire, la loi fixerait la limite d'âge pour l'entrée aux écoles et pour la sortie; et voilà déjà une cause d'ignorance qui disparaîtrait sans retour.

— Vous trouvez, parents aveugles, que vos enfants sont encore trop jeunes, à cinq ou six ans, pour les envoyer aux écoles?... — Mais ne savez-vous pas que les impressions reçues dès l'âge le plus tendre sont précisément celles qui durent et ne s'effacent que difficilement?... — Ne savez-vous pas que les vases neufs conservent pendant bien longtemps le parfum de la première liqueur qu'on y a versée?... — Ne savez-vous pas que l'âme de ces jeunes enfants est comme une terre bien préparée, libre de toute mauvaise herbe, et apte par conséquent à faire fructifier la semence au centuple? — Ne savez-vous pas, enfin, que ce sont là de tendres arbrisseaux, qu'on peut facilement plier sans les rompre, en leur donnant une direction droite et régulière pour l'avenir?... — J'avoue avec vous qu'à l'âge de cinq ou six ans, un enfant, étant encore incapable de discernement, ne peut pas saisir convenablement la leçon du maître, et par conséquent profiter à vue d'œil. — Mais, parce qu'une vigne, que vous aviez plantée dans l'année, ne vous produira de belles grappes de raisin que dans quatre ou cinq ans, vous dispenserez-vous de la tailler dans cet intervalle?... — Parce qu'une semence, que vous aurez jetée en terre, y restera longtemps enfouie avant de germer, négligerez-vous de donner au sol qui la recouvre les engrais et les façons nécessaires pour en hâter la reproduction?... Évidemment, non. — Eh bien! puisque vous savez vous montrer si intelligents, si soigneux pour la culture de vos terres, le seriez-vous moins pour la culture de vos enfants, qui doivent vous être bien plus précieux que vos vignes et vos champs?...

## IX

Si, dans les campagnes, beaucoup de parents ont l'insouciante habitude d'envoyer tard leurs enfants à l'école, et de leur faire perdre ainsi deux ou trois années qui auraient pu être si fertiles en résultats futurs, ils ont aussi celle de les retirer trop tôt des bancs de l'école, pour leur faire partager les travaux de leur profession : habitude souvent fatale aux enfants, habitude toujours douloureuse pour le maître, lorsqu'il a surtout sous la main des élèves intelligents et laborieux.

Oui, l'habitude qu'on a en général dans les campagnes de retirer trop tôt les enfants de l'école leur est fatale : car elle les empêche de recevoir le complément de leur instruction, ne leur donne pas le temps d'acquérir des notions exactes, approfondies, sur des matières qu'il ne leur est pas permis d'ignorer, circonscrit dans d'étroites limites l'essor de leur intelligence, et ne laisse enfin dans leur esprit que des connaissances vagues, superficielles et imparfaites, qui ne pourront nullement leur servir, d'une manière profitable, dans les diverses circonstances de leur vie d'homme.

Bien plus, cette funeste habitude de faire quitter trop tôt le banc des écoles aux enfants brise très-souvent le brillant avenir qui aurait pu être le partage de plusieurs, heureusement doués par la nature de rares dispositions intellectuelles. Ils auraient pu, ceux-là, devenir un jour des hommes distingués, utiles à la société, et les voilà condamnés à végéter misérablement le long de leurs sillons ou auprès de leur établi. Et si ces enfants, victimes de la coupable négligence de leurs parents, ne maudissent pas un jour ouvertement leur mémoire, du moins de graves reproches, d'amères récriminations sortiront de leur bouche, lorsqu'ils pourront juger, par leur propre expérience, du vice de leur éducation tronquée.

Or, si l'instruction était rendue obligatoire, le progrès réel, positif des enfants intelligents et laborieux serait complètement assuré : leur degré d'instruction n'étant plus laissé au libre arbitre de leurs parents aveugles et intéressés, ils auraient tout le loisir d'acquérir la somme des connaissances nécessaires à la carrière vers laquelle leurs inclinations secrètes, leur goût particulier ou les circonstances fortuites pourraient les pousser; et leur avenir serait de la sorte parfaitement sauvegardé.


## X


— Mais, disent un très-grand nombre ou plutôt la presque totalité des parents dans nos campagnes, et nous avons mille fois entendu leurs paroles, mais le concours de nos enfants nous est absolument nécessaire pour nos travaux champêtres; et, d'ailleurs, nous les enverrons encore à l'école pendant deux ou trois hivers, afin qu'ils n'oublient pas complètement ce qu'ils ont appris. — Quelles pitoyables raisons allègue-t-on là pour justifier une fatale habitude !

Quel concours efficace peut-on attendre d'enfants de douze ou treize ans, pour des travaux pénibles, de longue haleine, qui nécessitent l'emploi de forces déjà faites, de vigueur musculaire presque consommée ?...

Un laboureur vénérable, dont la raison et la prudente sagesse sont justement estimées et appréciées dans notre canton, me disait un jour, à propos de cette funeste habitude qu'on a généralement dans les campagnes de faire trop tôt quitter l'école aux enfants, pour les employer aux travaux champêtres : « J'estime, » moi, que douze journées de femme, à 40 centimes chacune, » valent plus que tout le travail que les enfants peuvent faire » pendant les six ou sept mois de la belle saison qu'on les garde » chez soi, au lieu de les envoyer à l'école. » Et il avait raison, mille fois raison, ce bon vieux laboureur, quand il me parlait ainsi.

On croit pourtant, dans nos localités rurales, remédier au temps perdu, en renvoyant les enfants en classe pendant quelques mois d'hiver. C'est encore là une erreur capitale, un préjugé grossier, un leurre trompeur qui règne en souverain dans les campagnes, et que l'instruction rendue obligatoire anéantirait sans retour.

Toutefois, il est urgent de dessiller les yeux des gens simples et à courte vue, en leur prouvant que ces mois d'hiver, qu'ils jugent réparateurs du temps perdu, ne seront eux-mêmes qu'un temps perdu.

Le maître, l'instituteur, et je parle ici d'un maître qui a su établir un ordre méthodique dans les différents devoirs de sa classe, une variété qui plaît à l'enfance dans les diverses matières qu'il enseigne, matières qu'il juge utiles, nécessaires, et propres surtout à développer l'intelligence; un maître, dis-je, qui s'est fait d'avance un plan d'études, un programme d'enseignement approprié à chaque division de son école, n'ira pas interrompre l'ordre de ses combinaisons classiques pour attendre les retardataires ; il ne voudra pas négliger ceux de ses élèves qui suivent assidûment ses leçons d'un bout d'année à l'autre, pour s'occuper particulièrement de ceux qui ont presque tout oublié pendant leur absence, et pour lesquels il devrait revenir à l'a, b, c de son programme, en négligeant nécessairement ses autres élèves assidus.

Un général d'armée ne ralentit pas la marche de ses troupes en campagne pour quelques traînards isolés, car il sait qu'en agissant ainsi, il ne risque pas de compromettre le gros de ses soldats et de passer pour un chef inhabile : l'intérêt de ceux qui suivent constamment ses drapeaux et son propre intérêt lui dictent une pareille conduite.

Or, un instituteur qui a l'intime conscience de son devoir et de sa dignité, et qui doit par conséquent sauvegarder les intérêts généraux de son école, n'en agit pas et ne peut en agir différemment. Il n'ira pas, lui non plus, compromettre les progrès croissants de la grande majorité de ses élèves par une complaisance hors de propos pour quelques individualités étroites et égoïstes.

D'ailleurs, mon expérience de six années de séjour à la campagne m'a suffisamment appris que, de tous les élèves qui reviennent sur les bancs de l'école pendant l'hiver, après s'être absentés pendant toute la belle saison, pas un n'a jamais pu rattraper le temps perdu, pas un n'a jamais pu acquérir des notions instructives[1] pour se guider plus tard sûrement dans le commerce de la vie sociale. Pourquoi cela? C'est que ces enfants, ayant perdu l'habitude de la discipline scolaire, ont perdu par là le goût du travail intellectuel, l'amour de l'étude. Ou bien, pour obtenir alors quelques résultats satisfaisants, il faudrait que l'instituteur consacrât les trois quarts de ses classes à ces élèves de l'hiver, au détriment de tous les autres, ce qui n'est pas possible, ce qu'on ne peut raisonnablement exiger de lui.

(1) *Instruisantes.*

Quel serait donc le moyen sûr d'obvier aux graves inconvénients d'une éducation reçue sans suite et à bâtons rompus, éducation d'ailleurs toujours insuffisante, presque toujours nulle? Le moyen, l'unique moyen, c'est l'instruction rendue obligatoire, qui paralyse les vues mesquines et insensées des parents, et assure aux enfants intelligents les bienfaits inappréciables d'une éducation complète.


XI


Non-seulement cette absurde habitude qu'ont les habitants de la campagne de retirer trop vite leurs enfants des écoles est fatale à ces derniers, mais elle est encore bien douloureuse pour le maître. Quel désenchantement amer, en effet, quelle navrante tristesse, quelle déception profonde ne cause-t-on pas à l'instituteur zélé et habile, lorsqu'on soustrait, avant le temps voulu, à ses soins assidus, à son attachement sincère, un enfant qui, par son intelligence, son application et ses progrès, était le plus bel ornement de sa classe, et donnait les plus solides espérances d'avenir? C'est un coup mortel porté à la dignité, à la réputation de son école; c'est le découragement le plus complet jeté dans son âme; c'est l'agonie, c'est la mort de son dévouement!

Nous avons souvent passé par ces cruels moments de crise déchirante; nous l'avons souvent portée sur notre pauvre tête, cette couronne d'épines, tressée par la détermination insensée des parents qui nous enlèvent prématurément leurs enfants intelligents! Voilà pourquoi nous avons cherché, pendant plus de vingt ans, la meilleure combinaison, le moyen le plus sûr, le plus efficace, qui nous permît de secouer à tout jamais cette suzeraineté intempestive et mal entendue, cette domination barbare et tyrannique de beaucoup de parents. Car l'instituteur habile et zélé, qu'on le sache bien, ne doit être l'homme-lige de personne; il ne doit relever que de son devoir et de sa conscience.

Or, l'instruction obligatoire seule, l'instruction obligatoire déterminant la limite d'âge pour la sortie de l'école, l'instruction obligatoire imposant à chaque élève sortant l'examen et le certificat d'études achevées, peut assurer l'indépendance absolue et le veulent substituer aux plans et aux actes d'un maître éclairé et consciencieux, leurs, vues étroites et sans portée, leur volonté bizarre, capricieuse, et la plupart du temps inintelligente.

Par l'instruction rendue obligatoire, l'instituteur laborieux et dévoué goûtera du moins la jouissance ineffable de son travail mené à bonne fin. Il ne craindra pas alors de se voir enlever, avant le temps voulu, des élèves dont l'intelligence d'élite, les progrès soutenus et l'application constante font la plus solide réputation de son école. Alors, sous l'empire de l'instruction obligatoire, il sera tout à fait à l'abri des atteintes mortelles du découragement, de la prostration; il sera libre de ses allures, seul en face des inspirations de son devoir et de sa conscience.

Nous ferons ici une simple question aux pères de famille coutumiers du fait, et nous leur dirons : — Qu'éprouveriez-vous vous-mêmes, si un voisin cupide venait vous enlever les beaux fruits de l'arbre favori qui ombrage le seuil de votre porte, au moment même où ces fruits commencent à prendre les couleurs de la maturité ?..... Ah! vous ne manqueriez pas de flétrir énergiquement cette action audacieuse et coupable!..... Un mobile secret, un mobile coupable, vous fait agir aussi lorsque vous retirez des bancs de l'école un enfant dont l'intelligence d'élite était en pleine éclosion de fleurs et de fruits, au moment où ces fruits allaient ravir de joie et de bonheur l'âme de son maître : ce mobile secret, ce mobile coupable, c'est l'avarice, c'est la cupidité. Oui, l'avarice, la cupidité d'un très-grand nombre de pères de famille, est la seconde cause qui fait que l'instruction primaire des enfants est la plupart du temps négligée ou tronquée dans les communes rurales.

XII

- Cependant, il ne faut pas être trop absolu dans ses appréciations; il faut aussi savoir faire la part du milieu où l'on se trouve. Nous savons que tous n'ont pas les moyens nécessaires pour laisser un temps bien long leurs enfants aux écoles. Nous savons que de pauvres familles ont besoin de hâter la sortie de leurs enfants, afin que ceux-ci puissent, par des travaux faciles, à la portée de leur âge, leur gagner quelque petit salaire, et venir ainsi en aide à leurs pressantes nécessités. Nous savons que plusieurs parents, fermiers ou métayers de petits propriétaires, ont besoin de bonne heure de leurs enfants pour les employer à des travaux légers et secondaires, auxquels ils ne peuvent se livrer eux-mêmes sans négliger ceux qui sont plus importants, et desquels dépend, pour ainsi dire, leur existence. Ces parents, placés dans ces tristes alternatives, sont excusables certainement, et nous ne pouvons que les plaindre de tout notre cœur.

Mais ce ne sont là que des exceptions rares dans la plupart des communes rurales, rares surtout dans ce département, si riche, si fertile, et qu'on a appelé, à juste titre, le jardin de la France (1).

Eh bien! sur ces rives fécondes de la Garonne, où tous les cœurs devraient largement s'ouvrir aux nobles expansions de l'utile, de l'agréable et du beau, à l'exemple de la terre, si prodigue ici de ses dons et de ses faveurs, dans cette contrée si privilégiée de la nature, se trouvent précisément, et se trouvent en très-grand nombre, des cœurs rétrécis, mesquins et égoïstes; des cœurs travaillés par le plus sordide intérêt, par la cupidité la plus inconcevable.

— Quoi! vous regrettez quelque misérable somme d'argent, dépensée pour ce que vous devez avoir de plus cher au monde, vos enfants!!! — Vous spéculez, liard à liard, pour ce qu'il y a de plus utile, de plus beau, de plus stable sous le soleil, une bonne éducation!!! — Cependant, vous savez vous montrer plus généreux, plus larges, lorsqu'il s'agit, par exemple, d'améliorer la nature du sol que vous cultivez, d'accroître le produit de vos récoltes, le bénéfice de vos bestiaux. — Vous savez alors dépenser à propos et noblement votre argent pour vous procurer et des engrais fertilisants, et des instruments aratoires perfectionnés, et des races modèles d'animaux domestiques et reproducteurs. — Et vos enfants, qui doivent un jour porter pur et sans tache votre nom, que vous honorez d'ailleurs par le travail et la probité; vos enfants, destinés à être un jour les continuateurs intelligents des nobles traditions de vos familles; vos enfants, votre sang, votre

_______

(1) L'auteur habite une délicieuse commune de Lot-et-Garonne, sur la double rive du canal latéral et du fleuve.

vie, seraient-ils donc d'un moindre prix pour vous que vos champs et vos bêtes de somme !!!.....

Un très-grand nombre de pères de famille, dans une position très-aisée, mais dépourvus, il faut le dire, de tact intellectuel, s'imaginent encore que les quelques dépenses qu'ils feraient de plus, pour compléter l'éducation d'un enfant, seraient des dépenses inutiles et sans profit ultérieur pour lui. Mais cette croyance est tout à fait erronée. Car un enfant, intelligent de sa nature, acquerra par une instruction un peu plus étendue ce qui lui sera nécessaire pendant toute sa vie, qu'il soit un jour laboureur, ouvrier ou commerçant : il acquerra un esprit éclairé, ayant pris de bonne heure l'heureuse habitude de manier des idées, de former des combinaisons, d'asseoir des jugements ; il trouvera dans son intelligence, plus développée, mieux cultivée, mille moyens pour vaincre les difficultés de sa profession, mille ressources pour se tirer d'embarras dans les circonstances critiques de la vie ; il ne sera pas, en un mot, un laboureur idiot, un ouvrier-machine, un commerçant stupide.

Enfin, il est aussi une foule de pères de famille qui craindraient d'amoindrir l'héritage futur de leurs enfants en payant pour eux deux ou trois années d'école de plus.

— Pères insensés ! ne savez-vous donc pas qu'en faisant donner à vos enfants le degré d'instruction relative au degré de leur capacité naturelle, vous leur laissez précisément le plus magnifique, le plus solide de tous les héritages, qui n'est soumis ni aux intempéries des saisons, ni aux vicissitudes des événements humains ?...

Et, d'ailleurs, qui peut dire : — Mon fils ne sera jamais qu'un laboureur ; mon fils ne sera jamais qu'un ouvrier ? — Croyez-moi, vos enfants, bien élevés, bien instruits, s'estimeront un jour mille fois plus heureux d'avoir hérité de vous de quelques lopins de terre, de quelque numéraire de moins, et d'un surcroît d'instruction de plus ; ils n'auront alors à la bouche que des éloges mérités pour votre libéralité, que des bénédictions pour votre mémoire.

Raisonnements insensés de cerveaux creux, convictions erronées d'esprits incultes et sans portée, calculs froids et égoïstes d'une basse et sordide avarice, sollicitudes vaines, craintes puériles d'une prévoyance aveugle et sans nom, qui paralysez d'une manière si déplorable l'action bienfaisante et civilisatrice de l'éducation populaire dans nos campagnes, l'instruction rendue obligatoire détruirait bien vite votre fatal empire ! Elle seule serait le plus énergique antidote au venin mortel de l'ignorance, à ce dissolvant impur de toute société ! ! !

## XIII

La troisième cause, enfin, qui empêche le développement de l'instruction parmi les masses laborieuses, et qui est ainsi une cause permanente d'ignorance, ce sont les pernicieuses influences locales.

Il y a, dans beaucoup de localités rurales, des ennemis décidés de toute supériorité intellectuelle, pour qui l'instruction est un épouvantail, et le plus dangereux de tous les fléaux humains. Ce sont certains hommes chez qui toutes les traditions d'un passé néfaste vivent intenses et incarnées, et qui ne peuvent se persuader que le monde intellectuel, comme tous les autres mondes, gravite sans cesse vers la perfection, et que Dieu n'a pas fait ses créatures pour être éternellement stationnaires, éternellement inertes.

Ce sont certains hommes à vues égoïstes, intéressées et dominatrices, qui se proclament hautement les mentors et les tuteurs de la société qui les entoure, parce qu'ils ont pour piédestal un coffre-fort, et pour unique auréole l'éclat éblouissant de l'or.

— Non, disent ces personnages, et nous avons souvent entendu de nos oreilles leurs étranges paradoxes, non, le développement de l'instruction, la culture de l'esprit, le perfectionnement des facultés intellectuelles ne sont pas choses nécessaires aux enfants du laboureur, de l'ouvrier. — Pourquoi vouloir les sortir de leurs paisibles habitudes, les soustraire aux travaux de l'atelier, aux sillons de leurs champs? — Voulez-vous donc en faire des avocats, des notaires, des célébrités scientifiques enfin? — Qu'ils apprennent simplement à lire et à signer leur nom; leurs pères n'en apprirent pas davantage, et pourtant ils savaient bien manier la truelle, le rabot et la charrue !

Et, cependant, étrange contradiction, singulière aberration de l'esprit humain ! ces hommes, qui parlent ainsi, doivent souvent leur position sociale, leur position de fortune à l'instruction que des parents moins heureux qu'eux leur firent donner. Fils ingrats, ils déchirent sans pitié le sein de leur mère !

Malheureusement, les raisonnements spécieux de ces hommes égoïstes, raisonnements dont la portée et le but caché n'échappent point à un esprit clairvoyant, trouvent toujours de l'écho auprès des personnes simples, faciles à influencer, et que de fâcheuses circonstances ont mises sous la dépendance presque absolue de ces grands détracteurs du savoir. — Car, puisque M. X..., qui doit en savoir long, disent les gens simples, les pauvres gens qui ont aliéné leur indépendance et leur initiative ; puisque M. X... pense que tant de choses que l'on fait aujourd'hui apprendre dans les écoles ne sont nullement nécessaires à nos enfants, pourquoi faire des dépenses inutiles pour eux et onéreuses pour nous ? Ils en sauront toujours assez pour aiguillonner nos bœufs, pour creuser profond et tracer droit les sillons ; faisons-les au plus vite travailler à nos terres.

— Non, répondrons-nous, à notre tour, à ces apologistes de l'ignorance, à ces apôtres de l'obscurantisme, à ces étouffeurs de l'intelligence ; non, en donnant une instruction convenable et substantielle aux enfants du peuple, nous ne voulons nullement les soustraire aux travaux de l'atelier, aux sillons de leurs champs. Nous aimons trop la campagne et sa vie doucement uniforme, sa vie exempte de fortes émotions ! Nous savons trop que sous un toit de chaume, à l'ombre d'un vert sillon, habitent toujours la paix, le bonheur et l'indépendance ! Au contraire, dans nos leçons journalières, nous nous plaisons souvent à paraphraser aux fils du laboureur la pensée du grand poète ami des champs : *Felices nimium sua si bona nôrint !...*

— Non, nous n'avons pas la ridicule prétention de faire de nos élèves de la campagne des avocats, des notaires, des savants ! — Mais ce que nous voulons toujours et par-dessus tout, c'est que ces enfants, que nous instruisons, ne soient pas un jour des ouvriers automates, des laboureurs ignares, qui ne savent qu'obéir en aveugles aux influences extérieures qui les entourent ; ne se rendent jamais compte de leurs sentiments, de leurs actes ; n'ont aucune notion précise de leurs droits et de leurs devoirs d'homme ; sont sans initiative, sans volonté propre ; vivent en quelque sorte terre-à-terre avec leurs bêtes de labour, et deviennent ainsi, en mainte occasion, la proie facile de puissants égoïstes et d'habiles exploiteurs.

Or, l'instruction, et l'instruction rendue obligatoire, empêcherait cette dégradation morale de l'homme exploité par l'homme; elle lui montrerait que la plus parfaite créature de Dieu n'a pas été faite pour assouvir de bas instincts, pour être la dupe et la pâture de l'égoïste et du méchant. Elle lui dirait : Lève les yeux vers les hautes sphères ! *Os homini sublime dedit !*


## XIV


Tels seraient les avantages immenses, les bienfaits inappréciables de l'instruction rendue obligatoire en France. Et nous concluons de nos réflexions sur les causes qui empêchent l'instruction primaire de se développer dans les campagnes, et de nos considérations sur l'heureuse influence du principe de l'obligation, que l'instruction obligatoire seule résoudrait parfaitement la triple question posée par M. le Ministre de l'instruction publique dans sa circulaire du 14 décembre dernier, c'est-à-dire que l'instruction obligatoire seule assurerait la tranquillité et l'indépendance de l'instituteur, les progrès positifs et le bien-être intellectuel et moral de ses élèves, la dignité et la bonne renommée de son école. Mais, au principe de l'obligation, il faudrait encore joindre celui de l'inamovibilité du maître, disposition sage de la loi Guizot sur l'instruction primaire, que la loi Falloux a su faire abroger pour les besoins de sa cause.

Cette triple question du maître, des élèves et de l'école a fait, comme chacun sait, l'objet du concours des instituteurs publics. A ce propos, qu'on me permette ici une petite digression, complément nécessaire de la pensée, tout à fait désintéressée, qui a présidé à mon œuvre. Soldat volontaire d'une idée féconde, je combats pour son triomphe et non pour la récompense (1).

Sans doute il est beau, il est utile, il est très-urgent même de chercher, par tous les moyens possibles, à améliorer la position fâcheuse et précaire que la trop fameuse loi de 1850 a faite aux

______
(1) Voir une pièce justificative, à la fin de cet opuscule.

pauvres instituteurs publics. Je ne dis rien, *pour le moment*, de cette loi, pompeusement décorée du nom de loi de liberté, et que j'appelle loi de servitude! Des hommes plus éloquents que moi, mais non mieux renseignés, l'ont déjà jugée à des points de vue très-véridiques.

Dans mon opinion, la grande, l'importante question de l'instruction populaire ne doit pas seulement se circonscrire dans les étroites limites des intérêts purement personnels, pivoter autour des individualités, mais elle doit encore atteindre les hauteurs de l'intérêt général; elle doit être posée comme une véritable question de principes, et non de personnes.

Or, dans cette hypothèse, il me semble qu'on n'aurait pas dû exclure les instituteurs libres du concours ouvert par M. le Ministre de l'instruction publique : qu'on les eût empêchés de concourir pour la récompense, soit; mais qu'on ne les eût pas, du moins, empêchés de concourir pour la vérité! Car les instituteurs libres, qui exercent dans les communes rurales, se trouvent précisément dans les conditions exigées par la circulaire ministérielle, pour pouvoir renseigner l'administration supérieure, tout aussi bien que les instituteurs publics. Il est très-vrai qu'ils ne sont pas soumis à la même hiérarchie (et, certes, nous ne désirons nullement, pour notre compte, cette soumission-là); mais qu'importe, à ceux qui la réclament, que la lumière vienne de l'orient ou de l'occident?... N'est-elle pas toujours la lumière?...

Les instituteurs libres, dans les campagnes, sont aussi journellement en présence des enfants et des familles. J'en connais même qui, à l'âge de quarante-six ans, en ont honorablement usé vingt-cinq dans l'exercice de leur pénible et ingrate profession, entourés de la considération générale, et investis de la confiance de nombreuses et respectables familles d'artisans, de laboureurs et de bourgeois. Ils ont eu, ceux-là, le loisir de réfléchir longuement à toutes les combinaisons favorables au bien de l'instruction primaire. Pourquoi donc exclure formellement de la vie militante, pourquoi frapper d'une espèce d'ostracisme ces vétérans de l'instruction libre?... Sommes-nous donc les parias de l'enseignement?... La trop fameuse loi de liberté de 1850 nous a réduits aussi à cette misérable condition-là!

A l'époque de ce concours des instituteurs publics, divers articles des journaux de Paris nous disaient qu'un très-grand nombre n'oseraient pas, dans la crainte de compromettre leur avenir, donner un libre cours à leurs observations sur les besoins actuels de l'enseignement primaire; ils ajoutaient que la crainte d'une révocation, d'un déplacement, d'un blâme même de la part de leurs supérieurs immédiats ou des autorités locales, fermerait leur bouche. Ces présomptions sont vraies; car les instituteurs publics n'auront jamais le courage de leurs actes, de leurs paroles, tant que la loi de 1850, nouvelle épée de Damoclès, sera suspendue sur leurs têtes.

Mais les instituteurs libres qui exercent leurs fonctions dans les communes rurales, libres de toute pression extérieure, libres de toute influence étrangère, ne recevant le mot d'ordre de personne, les instituteurs libres, *sui juris,* en un mot, auraient pu, ce me semble, exprimer librement leur pensée, en se renfermant toujours dans les limites du droit et de la vérité. Pourquoi donc exclure du concours des voix indépendantes qui auraient pu fournir une foule de renseignements utiles, et jeter ainsi quelques lueurs nouvelles dans ces ténèbres épaisses qui se sont faites autour de l'enseignement public, dans les communes rurales, grâce à quelques-unes des dispositions de la loi de 1850 sur l'instruction primaire?


## XV


C'est donc pour suppléer au silence forcé où l'on nous a condamnés lors du concours, nous, instituteurs libres, que je me suis décidé à livrer à la publicité ces considérations sur l'instruction obligatoire, principe salutaire et fécond, qui a toujours été et qui sera toujours le rêve de ma vie d'instituteur.

Restent, maintenant, les moyens à employer pour établir en France le principe de l'obligation : ces moyens regardent principalement le législateur, et ce serait à lui à les déterminer. Pourquoi l'obligation de l'instruction primaire ne porterait-elle pas avec elle une sanction pénale, comme en Prusse, comme en Portugal? Est-ce qu'une loi peut être efficace, est-ce qu'elle peut atteindre sûrement le but que le législateur s'est proposé, sans cette sanction-là?...

Croit-on, par exemple, que nos chemins vicinaux, que nos

grandes voies de communication seraient maintenus dans l'état de conservation et de bon entretien où ils se trouvent, sans la loi des prestations?... Pourquoi nos campagnards envoient-ils leurs bœufs et leurs domestiques sur les chemins pour les réparer ou les entretenir? C'est qu'ils y sont forcés, c'est qu'ils craignent, en cas de refus, le percepteur et ses garnisaires : *Dura lex, sed lex tamen !*

Eh bien! que l'autorité locale, armée de la toute-puissance de la loi, exige aussi l'envoi rigoureux des enfants aux écoles depuis l'âge de cinq ans jusqu'à quinze; qu'elle surveille encore l'assiduité; qu'elle mette à l'amende, sur le rapport hebdomadaire de l'instituteur, les parents, les tuteurs ou autres, toutes les fois que leurs enfants ou pupilles manquent la classe sans raison légitime, comme, par exemple, cas de maladie ou d'indisposition subite, constatée par certificat de médecin, et que le produit des amendes soit versé à la caisse municipale. Car la peine pécuniaire est celle qui affecte le plus l'habitant de la campagne; il y est le plus sensible, parce qu'elle l'atteint dans ses plus chères affections, l'amour de l'argent! Et en peu de temps, qu'on en soit bien persuadé, l'instruction obligatoire passera dans les mœurs et les habitudes publiques, et deviendra ainsi le levier le plus solide, le plus puissant auxiliaire du progrès social, du véritable progrès en France.

La libre expression de mes sentiments, la complète indépendance de mon langage ne doivent étonner personne; car la mission de l'instituteur, aujourd'hui surtout plus que jamais, est un second sacerdoce; sacerdoce auguste, bien au-dessus des misérables rancunes et des petites passions humaines. Et le véritable instituteur, celui qui ne considère que le côté moral, le beau côté de sa mission, ne s'émeut ni des murmures malveillants qui bourdonnent autour de lui, ni des traits envenimés que la jalousie, la méchanceté et la haine cherchent à lui décocher : car il sait qu'il ne relève que de sa conscience, libre de toute influence extérieure, et uniquement guidée par l'inflexible loi du devoir.

Sa conscience, en effet, est le creuset infaillible où s'épurent ses actes de chaque jour, de chaque heure. Sa conscience est le sanctuaire impénétrable où il s'enferme avec dignité, lorsque l'injustice, l'ingratitude, ce vice odieux des âmes dégradées, le désenchantement et les déboires viennent l'assaillir de toutes parts. Sa conscience, en un mot, est son seul arbitre, son unique juge.

Et conservant toujours sa sérénité d'âme dans les épreuves difficiles de la vie, et marchant toujours le front haut dans sa voie douloureuse, il se dit avec un noble orgueil : Le sentiment intérieur du devoir accompli est le plus sûr passe-partout de l'honnête homme !

FIN.

Montbéliard, le 18 janvier 1861.

MONSIEUR,

Je viens vous témoigner toute ma gratitude pour les *Considérations* que vous avez bien voulu m'envoyer au sujet de l'instruction primaire obligatoire. J'ai lu votre écrit avec le plus grand intérêt, et je puis ajouter, avec profit pour une question dont je m'occupe depuis quelque temps. Il est plein d'idées élevées et de vues généreuses.

Au reste, votre modestie a été trop grande; car, sous tous les rapports, il était bien digne de figurer avantageusement dans le modeste concours que notre Société vient de proposer.

La cause de l'instruction obligatoire me paraît gagnée dans les masses libérales et intelligentes; il ne reste plus guère qu'à l'écrire dans la loi. Nous espérons hâter ce résultat si désirable, en adressant un mémoire à l'Empereur et aux Chambres, indépendamment du concours que nous avons proposé. Ce mémoire va circuler très-prochainement, et il sera couvert d'un très-grand nombre de signatures.

Encore une fois, Monsieur, mille remercîments affectueux pour votre collaboration empressée et obligeante.

Veuillez accepter l'expression des sentiments avec lesquels, etc., etc.

A. SAHLER,
Président de la Société d'Émulation
de Montbéliard.

www.ingramcontent.com/pod-product-compliance
Lightning Source LLC
Chambersburg PA
CBHW051354050726
47595CB00006B/2556